佛洛伊德與為什麼鴨

徐慢慢心理話
文・圖

原來我可以不用那麼好
我的感受很重要

序
你可以不完美但真實地活著

1. 我們為什麼不敢不優秀？

隨著諮詢經驗的累積和對周圍人觀察的深入，我越來越明白，一些看似最簡單的真相，卻被我們嚴重忽視了。

例如這兩個：

① 我認識的人裡面，幾乎所有人都覺得自己浪費了大把時光。

② 我認識的人裡面，幾乎所有人都希望自己能積極高效地度過這一生。

得澄清一下，「我認識的人裡面」，成功人士很多，很多人在自己所在的領域做到了國內頂尖，卻依然很焦慮。

例如我的一位女性好友，年紀輕輕就很優秀，在自己所在的行業做到了國內No.1。

有一次她和騰訊執行長馬化騰聊天，問他：「為什麼我的公司這麼爛，但還是做到了第一名呢？」

馬化騰則說：「你以為我不這麼覺得嗎？」

這句話說完，兩人大笑。

這故事有點貴族式的低調炫耀，我問她：「你們是開玩笑的，還是認真的？」她說一開始以為是開玩笑的，後來確認，這是認真的，他倆的的確確覺得自己做得還不夠好。

其實我自己也有過「一邊趕路，一邊焦慮」的體會。

我最高效的一年，是2017年7月到2018年7月，在這一年時間裡，我在「得到」app上寫的年度專欄「武志紅的心理學課」，總篇數有三百三十三篇，文字總量則超過百萬。同時，我一週做三天諮詢，還忙著房子的裝修事宜，並且關了一家公司，又開了一家新公司。

可我仍然覺得，自己浪費了大把時光，要嘛刷一些無聊的網頁，要嘛無所事事，甚至乾脆躺著，美其名曰「積攢寫作靈感」。

或許在旁人看來，這些行為再正常不過了，可這讓我時常陷入深深的自責中，覺得自己還不夠努力，做得還不夠多。

2. 比起「成功」，生命的「體驗」更重要

我們常常看到這樣的說法：有人不光條件比你好，還比你努力。這樣的說法沒有問題，的確有不少人是這樣。

但這種說法背後，其實隱藏著一個不太合理的邏輯：成功人士之所以成功，是因為在爭分奪秒地拼搏，努力讓每一天都在積極高效中度過。因為他們能夠做到「不浪費每一秒鐘」，所以才實現了成功；而我們做不到，所以只能是普通人了。

真的是這樣嗎？其實，這些年我越發清晰地意識到：

我們來到這個世界上，不只是為了追求出人頭地，追求錢權名利的成功，更是為了體驗這個世界。

關於這一點，我們的身體和靈魂深刻地知道。但我們的大腦卻總是下意識覺得，人生最重要的是追逐成功，甚至想把所有的精力

和生命都放到這種追逐上。

　　身體和頭腦之間的拉扯，感受和思維之間的較量，構成了我們生命中的各種糾結、矛盾與痛苦。

　　懂得這一點後，我們或許可以試著放鬆一些，多聽從身體和感受的聲音，去體驗那些無所事事的時光帶給我們的美好。

　　正如我一位朋友的兒子曾感慨説：

　　人生有大把美好時光可以浪費。

　　真有這樣的感覺時，生命的幸福度會很不同。

　　但這種感受，很難用長篇大論的道理來傳達。所以，我想給大家推薦這本非常可愛的漫畫書，相信在這本書裡，你們能感受到這種允許自己虛度時光、允許自己聽從身體感受的美好感覺。

3. 這本書
手把手教你「允許自己」

　　這本書是我們公司漫畫團隊的作品。非常開心，這是他們的「第二個孩子」。

　　第一本書是《抱住棒棒的自己》，我們漫畫團隊構建了主角徐慢慢，她作為一名年輕的心理諮詢師對各種人生問題進行解答和詮釋。這本書非常棒，也深受讀者的喜愛！

　　徐慢慢有老公老越和兒子小航，領養了一隻流浪貓，起名「佛洛伊德」。

　　某一天，佛洛伊德不小心孵出了一隻小鴨子，叫「為什麼鴨」。出於禽類的銘印效應，為什麼鴨破殼時，第一眼看到的是「暖男」貓佛洛伊德，以後就認他做媽媽了。

佛洛伊德是個有智慧的好媽媽，每當鴨鴨兒子遇到困惑，他都能不厭其煩地給予溫暖的回應。

根據他們日常相處中的對話和趣事，我們匯編了這本漫畫書。這本書非常有意思，相信你會被他們的對話逗笑，也會受到啟發，同時也會佩服，這隻貓果然有點佛洛伊德的徒子徒孫的樣子啊，懂點兒心理學，看問題總是一針見血，是一位「足夠好的媽媽」。

英國精神分析師溫尼考特（Donald Woods Winnicott）說的「足夠好的媽媽」，本意並非是非常好甚至完美的媽媽，而是「還不錯的媽媽」，甚至可以說是「六十分媽媽」——這是我的良師益友曾奇峰的翻譯。

我很喜歡這個說法，因為它不僅非常明確地定義，還破除了人們對完美媽媽的苛求。

也可能會有人覺得，這「六十分媽媽」是不是太容易了一些。

然而人生中一個真切的智慧，就是「首先意識到父母是普通人，接著意識到自己是普通人，再意識到孩子是普通人」。

如何學會接納這份普通？

如何去允許自己做不到時刻高效、完美？

——這正是這本漫畫書想要傳遞給大家的。

無數人缺乏這份看似最簡單的智慧，因為我們很容易被頭腦的想像所控制，尤其是當這些想像和全能自戀相結合時，我們對自己、他人和周圍世界會產生各種嚴苛的甚至不可能實現的期待。這種期待和現實之間的差距和衝突，就帶來了人生中的遺憾、焦慮甚至恐懼。

要想帶著溫暖的心，去接納各種所謂普通的人性真相，這是非常不容易做到的。

然而，我們可愛的佛洛伊德貓媽媽和小鴨做到了，這也是我

向廣大讀者推薦他們的原因。

　　書中涉及的心理學道理，其實也都是普普通通的道理。

　　這些道理我們可能已聽說過，但佛洛伊德和為什麼鴨的對話還是常常能令人耳目一新，尤其漫畫的形式，生動形象，我們十分容易代入其中的場景。在輕鬆愉快的氛圍裡，我們能不知不覺地消化和吸收這些心理學道理。正因為我們漫畫團隊的用心和高創造力，才有了這樣的成果。

　　願這本書能帶給你一些溫煦的時刻。

知名心理學家　武志紅

✦ 人物簡介 ✦

佛洛伊德

一隻田園貓。

貓如其名，佛洛伊德是一隻懂點
心理學、很有智慧的貓咪。愛睡
懶覺，愛吃小魚乾，目前願望是
陪伴小鴨快樂成長。

為什麼鴨

一隻很愛問「為什麼」、愛把「呀」說
成「鴨」的小鴨。

目前正在讀鴨鴨小學二年級。偶爾，
他也會有一些小煩惱，每到這個時
候，他總會和「貓媽媽」分享。

小黑（男）

為什麼鴨最好的朋友之一。他性格活潑調皮，愛捧場，也愛搞蛋，跟小鴨在一起時總有說不完的話。

達達（男）

同樣是為什麼鴨最好的朋友之一。運動健將，各方面都很優秀的全能型鴨，但轉學之後因為融入不了新班級，有點焦慮。

悶悶（男）

鴨如其名，安靜內向，有點社恐，喜歡自己一隻鴨待著。

白白（男）

校園惡霸，喜歡對其他鴨指手畫腳。

小美（女）

一隻羽毛雪白的美女鴨，最喜歡的運動是扔鉛球。

瓜瓜（男）

為什麼鴨的新同桌，學霸鴨，做事一板一眼。

絨絨（男）

一隻非常精緻優雅的小鴨，手十分巧，最擅長做洋娃娃。

扁扁（男）

一隻腦袋很扁的小鴨，有時候會跟著白白欺負其他小鴨。

緣起

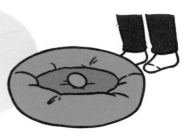

小航從他爺爺家裡撿回了一個鴨蛋，順手就把它放到了貓窩裡。

佛洛伊德很喜歡這個「玩具」，成天跟它待在一起。

一個月後……

咯吱——　　　　　　　　　咯吱——

沒錯，佛洛伊德成功「孵出」
了一隻小鴨。

從那之後，佛洛伊德就變成了
小鴨的——

媽媽 媽媽 媽媽

媽媽 媽媽

媽媽 媽媽 媽媽

目錄

胖胖的，圓圓的，也非常可愛鴨，你已經非常棒了鴨！

如果你犯了錯，那並不說明你就很失敗，只是說明你跟其他所有鴨一樣。

多聽從內心的聲音，我們才會真正過得開心呀！

啊？好朋友之間也需要邊界嗎？

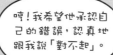

哼！我希望他承認自己的錯誤，認真地跟我說「對不起」。

爭取在日落之前，玩得盡興！

都過去好幾天了，為什麼我還這麼難過？「難過」一直在我心裡賴著不走，真的好煩鴨。

是吧，當你對問題和自己的能力有了清晰的認識之後，這份情緒就沒那麼可怕了。

無論安靜還是吵鬧，
無論內向還是外向，
做你自己就好啦。

第九章

看見真實的自己

對「標籤化」保持警惕，每天的你都不同於昨天

優秀不是被愛的
「必要條件」。

第十章

擁抱你的內在小孩

給自己無條件的愛和接納

第一章

我很重要

如何確信自己的價值?

胖胖的,圓圓的,也非常可愛鴨,你已經非常棒了鴨!

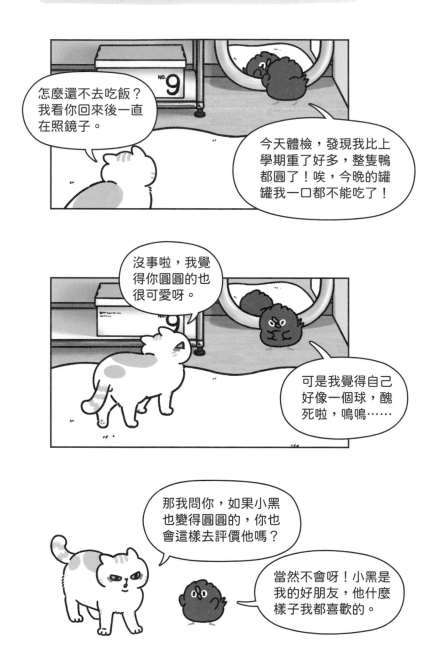

怎麼會呢?你看,那邊的大叔在給農作物施肥。

看到啦,他撒了好多肥料呢!

你猜,撒到土壤裡的肥料,有多少能被菜苗真正吸收呢?

大叔這麼辛苦,菜苗應該會把肥料吃光光吧!

不是喲,實際上不管怎麼加肥料,菜苗都不會全部吸收,最多也就 60%。

啊?這麼少啊……

已經不少啦，其實很多事情都跟「施肥料」一樣。

100 分的努力，不一定會有 100 分的回報，可能是 80 分、70 分，也可能是 60 分，這都是再正常不過的事情。

真的嗎？

真的呀，所以說，你拿了佳作也很棒。只要努力付出了，無論收穫多少都很好，別再責怪自己啦！

哇……又被安慰到了！

是吧，就像我每次付出 100 分的努力，也只能偷吃到你的一塊小餅乾，我也很開心了！

但我不開心鴨！！！

你到底要想多久？別的小組都開始做了！

我最討厭的就是你這種猶豫的性格了，浪費時間，最後什麼事都做不成！

唉……聽他這麼一說，我確實經常想太多，一定很招人煩吧，但是我又不知道要怎麼改……

暫停暫停，我問你啊，在今天之前，你曾因為這一點而討厭過自己嗎？

嗯……好像也沒有，我以前不覺得自己做事比較慢是個問題。

那做事猶豫這一點，以前給你造成過什麼困擾嗎？

嗯，也沒有，雖然我做事比較慢、想得多，但做出來的作品都挺好的！

是呀，那你現在為什麼要把它當作一個缺點，還要去改掉它呢？

唉，就是今天被班長批評了，我也開始覺得猶豫的性格不好了。

發現了嗎？其實「討厭做事猶豫不決」的是班長，而不是你。你為什麼要跟別人一起去攻擊自己呢？

別人討厭什麼，那是別人的事，重要的是你自己不討厭就行啦！

那下次班長又這樣說我，我該怎麼辦鴨？

你不用因此傷心，或者嫌棄自己。

相反，你還要向他表達你的立場，捍衛自己「做事猶豫」的權利。

我明白啦！

· 第二天 ·

你怎麼還不開始做，還在猶豫？

猶豫一會兒也沒什麼不好啊，你著急的話就先做你的部分！

我是……我是來自……一年級 3 班的小鴨……我我我又忘了。

我叫「為什麼鴨」。

媽媽，我好緊張啊！！！萬一明天上台講不好，給老師和同學丟臉怎麼辦？

別急嘛，你還有整整一個晚上可以準備呢。

可我一想到明天如果講錯詞，就會被大家笑話，我就什麼都記不住！

你為什麼
不能講錯詞呢？

當然不能！講錯詞，我就
變成一隻差勁的小鴨了！

你為什麼不能是一隻
差勁的小鴨呢？

啊？？我沒想過
這個問題……

來，你跟著我念：明
天，我可以當一隻差
勁的小鴨。念10遍。

明天，我可以
當一隻差勁的
小鴨。

明天，我可以
當一隻差勁的
小鴨。

現在感覺怎麼樣？

好神奇鴨，我好像沒那麼緊張了！媽媽，為什麼會這樣啊？

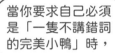

當你要求自己必須是「一隻不講錯詞的完美小鴨」時，

這個要求就像一雙眼睛一直盯著你，你當然會緊張得忘詞了。

相反，如果你降低期待，乾脆允許自己當一隻「差勁的小鴨」，

那無論你表現如何，都會有超出預期的收穫。

想過得好，需要一點「反派精神」#

哼！這次就先
放你一馬，你
給我等著啊！

心理學裡有個重要的概念，叫「內聚性自我」。它是由美國心理學家寇哈特（Heinz Kohut）提出的，指的是我們內在有一股向心力，可以把我們的自我凝聚在一起。

一個有穩定的「內聚性自我」的人，常常會更加自信，會發自內心地覺得自己有價值，做任何事情都會更有動力。

在本章裡，「為什麼鴨」從一隻不太自信、經常自我攻擊、總給自己貼標籤的小鴨，逐漸變成接納自己、認可自己的自信鴨。發生這種轉變恰恰是因為他在與貓媽媽的互動中，一步步地搭建起了內聚性自我。

其實，人是社會性動物，我們同樣需要通過他人善意的回應和反饋，來不斷地確信自己的價值。

很喜歡一句話，叫「自信其實是一種勝任感」。

在孩子的成長過程中，父母如果能夠多給予一種「你是可以的，你是被允許的」的感覺，我們的孩子也會一點點地積攢起勝任感，能夠更放鬆、更健康地成長。

第二章

害怕也沒關係

選擇做真實的自我，還是虛假的自我？

如果你犯了錯，那
並不說明你就很失
敗，只是說明你跟
其他所有鴨一樣。

胡思亂想的時候，把想法都哼成歌

別怕別怕，這些想法不是妖怪，它們叫「侵入性思維」，

大家都會有，很正常的。

媽媽的腦子裡也有嗎？

有啊，之前每次慢慢從我身邊路過，我都會忍不住想：等下她踩到我尾巴，我一定會疼得跳起來吧！

這麼一想，我就渾身起貓皮疙瘩。我很想把這個念頭甩出去，但越著急，就越甩不走它。

後來只要慢慢一出現，我就趕緊躲開。那段時間，我和她都沒那麼親近了，慢慢也很難過……

那怎麼辦鴨？

後來我乾脆不把這個想法當一回事，就沒那麼緊張和焦慮了。

可是好難鴨，要怎麼樣才能不當一回事呢？

我教你一招，用熟悉的曲調，把腦海裡的想法唱出來就好了，

要是害羞的話，在心裡默唱也可以。

哈？真的假的？

真的啦，你試試用《生日快樂》的調調唱一下！

不要被想像打敗

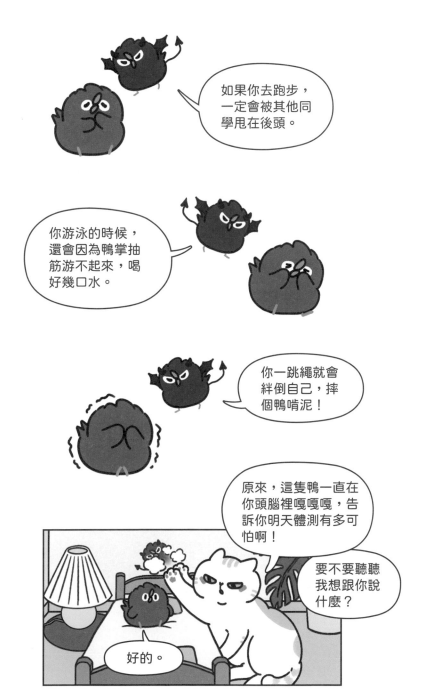

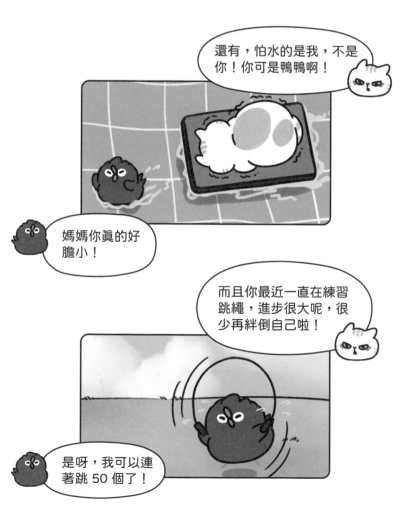

＃ 任何一次挫折，都定義不了你 ＃

你不是要去找達達玩嗎？怎麼，外面下雨了？

才不是呢，唉⋯⋯

我們玩得正開心的時候，一個澆花的叔叔路過，把水全澆到我身上了。

可是達達一滴水都沒濺到，

我真是一隻倒霉的鴨，做什麼事都不會有好運氣⋯⋯

除了淋到水，還有什麼倒霉的事嗎？

你看，我每次跟你玩「剪刀石頭布」，輸的都是我，

簡直倒霉透頂，再努力也沒用！

你要不要聽我對這些「倒霉事」的看法？

除了我倒霉，還有別的嗎？

水淋到你頭上，我們得去批評澆花的大叔太粗心，讓他道歉，

而不是怪自己太倒霉。

「剪刀石頭布」，你總是輸給我，是因為你只能出「布」。

每一隻鴨鴨都長這樣，怎麼會是你這一隻倒霉呢？

這麼一說，好像也對，媽媽你好聰明啊！

不是我聰明啦，只是我很少會「延伸」。

這是什麼意思呢？

就是說，把每一次挫折都當成單一的事情來看待，

不要把這個挫折感延伸到其他事上，更不要延伸到自己身上，

用一次挫折，來說明自己做什麼都很差勁。

沒錯！淋到水算什麼？

甩乾了我又是一隻好鴨！

請學會允許自己犯錯

你都背半天啦，連小布丁都沒空吃。

對啊，這可是全校的文藝晚會！我不想到時出差錯。

可是……我真的好笨鴨，練了這麼久，台詞還是背不好。

我怕我到時候說話結結巴巴的。

對了對了，我還沒跟搭檔一起排練過呢。

萬一我們配合不好，講錯了，那我真的是一隻失敗的小鴨了。

我感受到你的焦慮了。

不過我覺得,你可以試著轉換一下思路。

什麼思路鴨?

我問你,你身邊的小鴨從來沒有犯過迷糊、出過錯嗎?

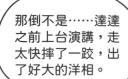

那倒不是……達達之前上台演講,走太快摔了一跤,出了好大的洋相。

還有小美，她有次認錯鴨，把語文作業交給了體育老師。

是吧，就像我的貓生，也有很多失誤啊。比如我想以一條完美的弧線，跳上貓爬架，結果卻踩空，摔得很狼狽……

哈哈哈……
我記得！

所以說，無論是誰都會犯錯啦。

如果你犯了錯，那並不表示你很失敗，只是說明你跟其他所有鴨都一樣。

· 第二天 ·

可是我想的是，被領養，意味著可以待在家，不用擔心風吹日曬。

有好吃的東西，還有真心愛我的慢慢，舒服得很……

哇，好像是這樣耶！

所以呀，真正困擾我們的不是事情本身，而是我們對事情的看法和解釋。

唉，我最近也因為一件事很鬱悶……白白和扁扁，老是在班上說我話多──

你可真是個話癆。

每天嘎嘎嘎的，吵死了！

他們這麼說，你肯定會很不好受，不過你可以試著想：在他們眼中，「愛說話」意味著什麼呢？

在你自己眼中，「愛說話」又意味著什麼呢？

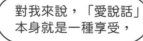

在精神分析中，有兩個概念：真實自我和虛假自我。

當我們的一舉一動，都是追求他人的認可、順從社會的標準，那麼即使我們再受歡迎，成績再好，社會地位再高，我們仍會有一種「並沒有在活著」的感覺。

這時候，我們可能困在「虛假自我」裡了。

就像這一章裡，「為什麼鴨」過分在意輸贏、過分在意他人的感受、害怕自己被討厭等，其實都是忽略了自己真實的喜好和感受。

其實啊，如果我們有一個真實的自我，我們能清晰地知道自己想要什麼、做什麼事能讓自己開心，那輸掉一兩場比賽又有什麼要緊呢？過程開心就好了；被他人討厭也沒關係呀，我足夠愛自己就好了。

當然啊，我們不是孤立存在的，他人的感受和意見也是重要的參考，但卻不是我們的人生座標。

心理學家阿德勒說：「捨棄真正的自我，就會活在別人的人生中。」

而你，想過什麼樣的人生呢？

第三章

聽從心裡的聲音

一點點地把自己的感受找回來

多聽從內心的聲
音,我們才會真
正過得開心呀!

我說不要，就是不要

我的感受最重要

唉，小黑會搶我的橡皮，但又會把餅乾分給我吃，

我也分不清他到底是對我好，還是不好。

判斷一隻鴨對你好不好，也不要看他做了什麼。

那到底要看什麼鴨？我迷糊了。

你回想一下，每次和小黑相處，你的感受怎麼樣？

我不喜歡他說我是「笨鴨子」，也不想他搶我的橡皮，

這讓我感覺很不舒服……

我都不想
去學校了。

這可不行！

再說了，學校裡
除了小黑，還有
達達呀，

達達是你的
好朋友吧？

你不會別無選擇

你怎麼看起來悶悶不樂的？

哎，最近換座位了，現在白白是我的同桌。

白白上課的時候注意力不集中，有時候會不自覺地抖腿，我的桌子就會跟著一起震……

而且他老是不問就拿我的東西去用，讓我很不舒服。

那你要不要去申請換個座位呢？

可是我現在的位置靠窗戶，窗外就是我最喜歡的那棵樹，我不太想換。

要不然你跟白白說一下？讓他不要再抖腿以及拿你的東西了。

但我覺得這些都是他的個人習慣，應該很難改的吧。

我這麼說他，會不會影響我們的同桌關係？

嗯……或是你去跟班主任說，幫你換一個同桌呢？

不行不行，這樣是不是太小題大作了？

哎，媽媽，我真的不知道該怎麼辦了。

能看出你確實很糾結苦惱。但我感覺，其實你已經做好選擇了。

啊？什麼意思呀？

比如說，你不想換座位，是因為你想看窗外的風景。

你不想跟白白提意見，是因為你想要和諧的同桌關係。

不想跟班主任說換同桌，是擔心給老師添麻煩。

這樣看，你其實不是沒有辦法，在很多選擇裡，你已經挑了你最需要的那個。

好像是這樣耶！這麼一想，雖然同桌還是白白，但我似乎沒有剛才那麼糾結難受了，好神奇鴨。

與其去關注你不想要的部分，不如多去看看你做出選擇之後，能得到的東西，

這也可以幫助你察覺出，什麼才是你真正在意和想要的。

沒錯，一看到窗外美麗的風景，白白的習慣也沒那麼難以忍受了，

這就是我現在能做的最好選擇了。

是這樣喲。好了，我們來做今天的作業吧。

媽媽，我覺得去看兩集動畫片，才是對現在的我來說最好的選擇。

#「喜歡」，有時是比「重要」更重要的事

那你想去上哪門課呀？

嗯……我同學都想去上游泳課和野外覓食課，

因為學會游泳和抓蚯蚓，對小鴨子來說都是很重要的事。

小黑、達達他們也想拉著我一起去報名。

這是必備的技能。

學別的都沒用，只有這兩樣最實在。

但其實我心裡不是很想去。

因為那是我們發自內心的意願。

多聽從內心的聲音，我們才會真正過得開心呀！

聽媽媽說完，我一下子就不糾結了。

嘿嘿，我明天就要去報手風琴課！

媽媽，那今晚……我可以多看幾集動畫片嗎？雖然寫作業也很重要，但看電視才是我「喜歡」的。

不行，有些「重要」的事該做還是得做。

把心裡話敞開說

媽，我最討厭吃苦瓜了！
為什麼要吃苦瓜啊？

因為我和爸爸
喜歡吃呀！

可是早上我明明跟
妳說「想吃排骨」，
我今天在學校期待了
一天呢！

哼，我今晚
不吃飯了！

為什麼？

平時你也經常聽到隔壁媽媽和孩子的對話吧？

那個媽媽常常說：「我是為了你好才XXX，你怎麼不聽話？」

那個孩子明明很生氣，一下子就沒話說了。

· 第二天 ·

有段時間，「精神內耗」這個話題很熱門。其實所謂內耗，就是我們內在有很多對立的部分，它們在糾纏，在對抗。

　　而這些產生衝突的部分，常常是他人賦予我們的。

　　比如父母、伴侶、朋友的期待，比如社會上各種條條框框的規矩和要求......

　　當把他人的聲音內化到自己的心裡之後，我們就容易忽略自己真正的心靈感受。

　　此刻，我喜歡什麼，討厭什麼？

　　我願意做什麼，不願意做什麼？

　　這些聲音，會逐漸被別人的聲音掩蓋。

　　而自我成長的過程，就是一點點地把自己的感受找回來。

　　就像小鴨遇到的各種困擾——同學請我喝飲料，我可以拒絕嗎？我應該和誰做朋友？我要怎樣做選擇？

　　對於這些大大小小的問題，其實我們自己的感受早已給出了答案。

　　心理學家武志紅曾說：「一個人最大的成功，就是能按自己的意願過一生。」

　　在我看來，聽從內在的聲音，跟隨它們的指引，我們就足以過好每一個微小的當下。

第四章

關係越好，
越需要邊界

什麼是自己的事，什麼是別人的事？

啊？好朋友之間
也需要邊界嗎？

我跟你說，我最近觀察到了慢慢的一個特點！

哦？講來聽聽。

我發現，別人找她聊天的時候，她會一直點頭，每隔一會兒，還會發出「嗯嗯」的聲音。

這是她的職業病。

啊？慢慢
生病了嗎？

不是啦，是說她平時
做心理諮詢，就會經
常點頭、回應。

她把這個工作習慣，
帶到日常生活裡了。

哦哦，原來是這樣。

別看這些回應的動作
很簡單，在人際關係
裡作用可大著呢。

你想啊，如果你跟別人傾
訴，不管你說什麼，對方
都會真摯地點點頭，然後
再誠懇地回應你，哪怕只
是簡單的一句「嗯嗯」，

你會不會覺得自己在
被認真地傾聽，就會
有說下去的動力？

當然會！聽你這麼一說，我就想起了小黑，每次課間休息，我跟同學們聊天的時候，小黑都會特別捧場。

無論我講的事情有多無聊，他都會很感興趣，從來不會讓我尷尬。

哇！真的嗎？

然後呢？

現在想想，真的好感動，他真是一隻好鴨！

是吧，這就是回應的力量啊。

＃ 喜歡，沒那麼複雜 ＃

所以說，扯女孩子的蝴蝶結、欺負她，

根本就不能讓對方感受到「喜歡」，還可能把她推得更遠。

媽媽，那「喜歡」要怎麼表達才好呢？

很簡單啊，直接跟她說，對她好，讓她開心。

記住這兩點：真誠、直接！

學會了！

開心的時候，希望你也在

一想到沒法跟小黑分享我此刻的快樂，我就有點低落……真是好奇怪……

不奇怪，這說明你把小黑當成真正的好朋友。

媽媽你怎麼看出來的鴨？

每一段關係，或多或少都在滿足我們的需要，

比如幫我們解決問題啦，比如讓我們不孤單啦。

但真正好的關係，不只是我需要你，你需要我，而是就算我沒那麼需要你，我也希望你在。

你什麼都不用做，我也會單純地因為你的「存在」而感到幸福。

·此時的小黑·

這個故事真有意思，要是為什麼鴨在就好了，

我就可以講給他聽。

有可能喲……所以實在聽不懂內容的話，也沒關係啦。

陪伴她，耐心地聽就好了，不一定非要回應什麼。

真的是耶！我下午安安靜靜地聽完她的話之後，

她的心情好像就好了很多，說很謝謝我，還哼起了歌。

好的關係，需要有邊界

怎麼不開心？發生什麼事啦？

我今天帶出去玩的小車車，被小黑弄壞了。

我本來很不高興，但小黑說——

只是撞壞了一點點，不要生氣嘛！

我的車子也可以給你玩啊，隨便你怎麼撞都行。

他說的好像也沒錯，但不知道
為什麼，我聽完心裡特別難受。
媽媽，我是不是太小氣了？

不是喲，是因為你的邊
界被小黑入侵了，你當
然會感覺不舒服。

再好的朋友，都應
該分清楚什麼是你
的，什麼是我的。

但小黑卻覺得，你們
的玩具是共享的，這
就模糊了你們之間的
邊界。

啊？好朋友之間也需要邊界嗎？

當然了，任何關係都是需要邊界的。

可是我護著玩具，小黑會不會覺得我不夠朋友，就不跟我好了？

如果小黑把你當好朋友，應該能理解弄壞玩具給你帶來的不開心呀。

也是啊……那我應該怎麼跟小黑建立邊界呢？

你可以跟他說：「我的玩具被弄壞了，我是會生氣的。你應該跟我道歉，而不是用自己的玩具來代替。」

在人際交往中，你是否有過這樣的體驗——

· 一旦對方暫時沒有回應你，你就會焦灼不安。

· 為了維持關係，常常做一些委屈自己的事。

· 希望把對方改造成自己期待的「更好」的樣子。

· 總想去拯救對方，或者希望對方來拯救自己。

如果你曾經或者正在被這些情況所困擾，很可能你的關係邊界出了一些小問題。可以這麼說，絕大部分關於關係的煩惱都源自邊界問題。

在心理學中，有一個詞叫作「課題分離」，簡單來說就是：分清什麼是你的事，什麼是我的事，各自為自己的事去負責。這就是對於邊界最好的闡述。

當然，邊界不是一個冷冰冰的、僵硬的圍牆。

有的人為了彰顯自己的「獨立」，從不求助於別人，或者為了捍衛自己的「邊界」，不分青紅皂白地把他人的舉動當成對自己的打擾，這樣的邊界也不是健康的邊界。

健康的邊界是有彈性的。我們既能負責自己的課題，也能坦然地表達自己對他人的需求；既能獨立地照顧好自己，也敢於放心地依賴他人，享受關係。

就像在這一章中，貓媽媽跟為什麼鴨說的，「你要大膽告訴對方什麼事會讓你不舒服不開心，他才知道怎麼跟你好好相處」。因為，建立邊界才是建立親密關係的前提。

第五章

學會理直氣壯

什麼是喜歡？什麼是討厭？

哼！我希望他承認自己的錯誤，認真地跟我說「對不起」。

你無須為別人的不開心負責

走快點啦，要遲到了。

你這幾天怎麼了，以前上學不是最積極的嗎？現在都懨懨的。

唉⋯⋯一想到學校的事，我走路的鴨掌都變得沉重了起來。

啊？快跟我說說，發生什麼事了。

我之前不是被老師選上當班上的衛生股長嗎？

是啊，我記得你當時很興奮。

然後我們老師就叫我排值日表。

因為以前都是固定那幾個同學在幫忙，挺辛苦的，

我就安排了 1 組這週先打掃，2 組下週，這樣輪流。

你這個安排聽起來很好啊。

但我總感覺 1 組有的鴨好像生我的氣了，

像小波，他以前都是一放學就走，今天掃地的時候看起來不太高興。

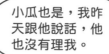

小瓜也是，我昨天跟他說話，他也沒有理我。

我不知道，他們是不是對我不高興了？

停住停住！他們什麼也沒說，你怎麼自己腦補了這麼多？

我擔心，萬一他們是被我給氣壞了，懶得開口呢？

別怕，如果其他小鴨覺得你的安排有問題，心裡有情緒，那他們可以提出來啊。

媽媽，我有件事想不明白鴨。

跟我說說吧！

你不是說，做錯事就要道歉，說「對不起」嗎，那為什麼絨絨還是不想跟我和好？

嗯？你做了什麼壞事嗎？

我昨天不小心弄髒了絨絨最喜歡玩的球，後來我向他道歉——

對不起對不起，可是我也不是故意的嘛。

沒想到，他反而更生氣了，唉……

我問你，你跟他道歉的原因是什麼？

當然是讓他原諒我鴨，讓這件事趕緊過去，我們還能愉快玩耍。

不對，我必須嚴肅地提醒你，這不是真正的道歉。真正的道歉，不是為了讓自己快點被原諒，而是為了承擔責任。

啊？聽不懂鴨……

你想，如果是別的小鴨弄壞你的東西，你希望他怎麼跟你道歉呢？

哼！我希望他承認自己的錯誤，認真地跟我說「對不起」。

還要理解我的生氣，讓我吐槽兩句，最好是幫我把東西修好。

所以你看，這才是真正的道歉方式，不是為了讓自己的錯誤帶過，

而是好好去面對自己給對方造成的傷害。

原來如此，我懂了！那我先重做一個小球給他，然後明天再好好跟他道歉。

只要承認自己做錯了，並且用行動來補償，

慢慢地，等他消了氣，他自然會繼續跟你……

你幹嘛拔我的毛啦？

我要拿你的毛做球球，不然怎麼跟他道歉鴨。

好的關係，不會吵壞，但會憋壞

我聽老師說，今天下午你把自己的書都推到地上去了。

嗯……其實我想推的不是書，是達達！

怎麼，你們鬧彆扭了？

他沒經過我同意，就把我的玩具搶走了，那可是慢慢剛買給我的，我還沒玩夠呢！

那你搶回來了嗎？

沒有，怕他覺得我小氣，這也就算了，後來他還把玩具弄壞了，真是氣死我了！

看得出你很珍惜這段友誼，

但永遠不吵架，並不是維護友誼最好的方式，一直憋著，關係反而會變味。

那我要怎麼辦才好鴨？

去表達你的情緒，去對他發發脾氣！

可是，我發脾氣不會傷害到他嗎？

只要你不打他罵他，用其他合理的方式去表達就行。

好的關係，是能擁抱脾氣和爭吵的。

讓別人失望，好像也不必難過

怎麼不開心，不是去和同學聚會了嗎？

唉，好好的聚會，都被我搞砸了。

跟我講講。

我跟大家說好，今天聚會給他們帶剛抓的小蚯蚓，他們還很期待呢；

結果我今天出門太著急，忘記帶了，他們看到我兩手空空的，都很失望。

所有人都跟你說，自己很失望嗎？

米米說「白高興了」，其他人倒是沒說什麼，但我用鴨掌都能想到，他們一定對我很失望。

我想，不是別人對你失望了，而是你對自己失望了吧？

聽不懂……

你希望自己能「讓所有人滿意」，

但米米的反應，讓你這個希望落空了，所以你對自己很失望。

嗯……確實是這樣。

可是，你本來就不需要，也不可能讓所有人都滿意啊，

你做不到，我做不到，慢慢也做不到。

如果你希望自己「讓所有人滿意」，你就會有很多很多失望和不開心的時候。

這麼一想，我心裡舒服多了。

你是不是偷吃了我的罐頭？

媽媽，那你可以對我失望鴨。

討厭別人這件事，要理直氣壯一點

可是老師說了，好孩子要團結友愛，不能吵架。我討厭他，是不是就成壞孩子了？

不會，不喜歡他就離他遠點。

我問你，你在班上有喜歡的同學嗎？

有啊，奇奇、達達、阿花、小白……好多好多呢，我很喜歡他們啊。

你看，你跟這麼多同學都很友愛，怎麼會是壞孩子呢？

而且，能夠表達你的「討厭」，也是一件好事。

打個比方，我討厭牛肉味的貓糧，我就不吃，這樣才能留著肚子吃鮪魚罐頭。

我們的心也和肚子一樣，不勉強自己跟討厭的人相處，你才有足夠的精力和時間，跟你喜歡的人一起玩得盡興。

我懂了！媽媽，我要去找我喜歡的同學玩了！

走吧走吧，我正好可以獨享鮪魚罐頭。

在精神分析裡，「攻擊性」是一個重要的概念。

從字面上看，它似乎有些貶義，與我們主流的價值觀背道而馳，因此很多人都懼怕它、壓抑它；但其實它指的是我們對一些負面情緒的合理釋放，對一些侵犯自己的行為說不。

攻擊性，不代表敵意，而代表一個人的生命力。

在本章裡，為什麼鴨正是在貓媽媽的一步步引導之下，從「委屈討好」，慢慢學會了向他人的冒犯說「不」。

在孩子的成長之初，很多父母都會為了讓孩子擁有融洽的交際圈，而勸誡孩子要「表現良好」、「盡量忍讓」，但其實這是一種誤解，更是對孩子攻擊性的壓抑。

比起害怕孩子的攻擊性會讓他們變成「小惡魔」，更重要的是，父母要學會引導孩子去健康、合理地釋放攻擊性。

這樣一來，孩子才會逐漸明白：

什麼是喜歡，什麼是討厭；

什麼是傷害，什麼是愛。

當能清晰地識別不好的對待，並勇敢地拒絕它們時，我們的孩子也就能在人際關係的滋養裡，健康地成長。

第六章

把注意力放在當下

陽光、微風和花香，都很好

#「只做有用的事」，是最內耗的活法

怎麼在嘆氣，你不是很喜歡看螞蟻搬家嗎？

我只是……覺得自己好像在浪費時間。

然後我又想到，我們出來散步閒逛，又追了一會兒蝴蝶，剛剛還特地去撿一根筆直的棍子。

我們花了一個下午的時間，但這些事有什麼意義？對我們有什麼幫助嗎？

停住停住！我發現，你最近經常把「有什麼意義」掛在嘴邊耶。

唉，我可能是被我的新同桌瓜瓜傳染了。

我下課後去玩溜滑梯，他問我——

你覺得，溜滑梯對你有什麼幫助嗎？我建議你把休息時間用來多做幾道題目。

吃完午飯，我在池塘邊看魚，他說——

看魚做什麼？浪費時間而已，還不如去午睡，養好體力為下午的體育課做好準備。

就連我們老師布置課後作業，讓大家觀察蝌蚪，他也問老師——

老師，觀察蝌蚪，有什麼意義嗎？

嗯……感覺瓜瓜一直這樣的話，會很焦慮喲。

是啊，我現在也有點焦慮。可是我又覺得他說的有道理，沒有意義的事，為什麼還要做呢？

那我問你，你在看螞蟻搬家，看魚兒游水，或者發呆的時候，心裡感覺怎麼樣？

嘻嘻，我還是很享受的鴨！

雖然這些事沒辦法幫我提高成績，也不會讓我變成一隻更優秀的小鴨，

可是看著小螞蟻們排著隊，一點點運輸食物，這個過程我很投入，忘記了很多煩惱。

所以啊，這就夠啦。

苛求生活中所有的事情都要有意義，只會讓我們的神經很緊繃。

只要你喜歡，只要能讓你快樂，多做點「沒用」的事又有何妨？

媽媽，你說得對！那我可以再去撿幾根其他形狀的棍子嗎？雖然它們確實沒什麼用。

當然可以啦！

這些樹枝到底是從哪兒來的呀！！！

如果你活得很累，先放下這一件事

放學後去游泳，還跟同學一起抓了蚯蚓。

聽起來很充實啊。

是啊，所有該做的事我都完成了……可是我卻一丁點成就感都沒有，只覺得累。

那這些事，是你發自內心想做的嗎？

其實不全是啦……比如競選體育股長和抓蚯蚓，我原本都不想去的，但大家都說「有趣」「好玩」，我就去做了。

媽媽，我突然發現我最近又忙又累的原因了！

我什麼事都想參與，什麼東西都想獲得，不管我自己是否真的想要。

所以啊，生活中有那麼多事，要分清自己是不是真心想去做。如果不做篩選的話，很容易把自己活成一列「超載火車」。

比如說你沿路開，途中不管有什麼「好東西」，你都把它們載到車上，

這樣你的負重越來越大，也會越走越慢。

啊……那我以後不想做小火車了！

我要斷捨離，只做自己真心想做的事，我要做一隻自由自在的小船！

當然可以啦！

再見了媽媽，今晚我就要遠航……

今天跑第一圈的時候，達達和白白「嗖」的一下就超過我了，這讓我很著急！

我想趕上他們，就加快了速度，

結果跑到後面就沒有力氣了，考試就不及格了，嗚嗚。

我知道啦，你其實就是被其他鴨影響了，把自己的節奏給打亂了。

是啊……平時我都是自己一隻鴨練習，所以能專注地跑完，

今天看到達達他們跑那麼快，我想著我不能輸，腳步就不自覺加快了。

你也發現了吧，你在試圖跟上他們的節奏之後，反而沒辦法跑完全程了。

確實是這樣，感覺比平時更累，還有點喘不上氣，最後鴨掌都要抬不起來了。

所以說，每隻鴨都有自己的方式和節奏，適合別人的，卻不一定適合你。

你要做的就是找到自己的節奏。

不要因為別人交卷了，你就亂寫答案

141

那個翻試卷的聲音，讓我一下子緊張起來！開始無心做題了⋯⋯

今天的題目很容易嗎？是我做得太慢了？怎麼辦？怎麼辦？

不只是白白，小美也做得很快，早早就交卷了，我一整個鴨都慌了。

那你怎麼辦呢？

我也得趕緊寫啊，

可奇怪的是，越想寫快一點，我就越寫不出來，

剛才不覺得很難的題目，卻突然都把我卡住了。

 然後呢？

時間一點一點過去，後面的題目，我只能胡亂寫上幾個答案，

然後也跟著
交卷了。

媽媽，為什麼
題目突然就變
難了呢？

題目沒有變難，
我猜，是你的心
態變了。

我怎麼變啦？

一開始，你很專注做自己
的試卷，也很相信自己能
做好，你的所有精力都在
答題上。

可是後來，你盯著別人，開始懷疑自己是不是沒複習好，精力自然就分散啦。

所以啊，即使別人都交卷了，我們也不要亂寫答案喲。考試是這樣，生活也是，還是要按照自己的節奏來。

我懂了！

所以，社區裡別的貓都在減肥，但媽媽你一口罐頭都沒有少吃，也是一樣的道理嗎？

……

145

成年人最高級的心態：我就是來玩的

這裡是遊樂園，我們今天就是來玩的，

為何要把時間浪費在「猶豫」上呢？

玩每一個遊樂項目都是一種體驗，體驗是沒有對錯之分的。

那要是不好玩怎麼辦？

不好玩也是一種體驗呀，吐槽一下，趕緊去玩下一個項目就好了！

人生的意義到底是什麼？從懂事起，很多人就思考過這個問題，直到長大成人都未必能找到答案。

完成一個又一個目標，人生就算有意義了嗎？按部就班、什麼時間做什麼事，人生就算有意義了嗎？

我覺得，真正的人生，都是從「尊重自己的感覺」開始的。

所謂感覺，就是我們的體驗。

用眼睛感受一下，今天的陽光亮不亮；用手指撫摸一下，今天的風柔不柔；用鼻子輕嗅一下，今天的花香不香；再用心感受一下，今天的自己開不開心。

而跟感覺相對立的，就是我們頭腦裡的想法。一旦被頭腦裡的想法控制，我們就跟自己的感覺斷聯了。

比如，為什麼鴨看到其他同學考卷做得很快，就產生了「別人比我厲害」的想法，無法再靜下心答題；同桌瓜瓜，做每件事之前，都會用頭腦判斷一下「這件事有沒有用」；去遊樂園玩，也要嚴格按照遊玩攻略來，讓玩耍變成一項任務。

但人生不是完成任務啊！

一味沉浸在思考裡，只會無端產生很多的焦慮，反擊過去、擔憂未來。

不如拋開這些「對不對」「該不該」的想法，用身體和感官去好好體驗一下此刻吧。

因為人生就在此刻。

第七章

允許一切發生

其實你可以在負面情緒裡多待一會兒

都過去好幾天了，為什麼我還這麼難過？「難過」一直在我心裡賴著不走，真的好煩鴨。

難過的時候，就當是下了一場雨

是的，我們沒有辦法讓天空不下雨，但這不是我們的錯，好好接受它就行了。

生活中的很多難題也是一樣，遇到無法改變的問題，埋怨、責備自己也不管用呀，

讓它發生，順其自然地應對就好了。

這麼想也是，繩子斷了、踩到水 都不是我的問題鴨。

當然啦！

難過的時候，就不要笑了

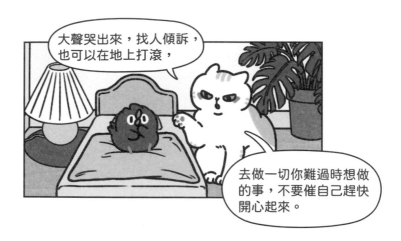

＃ 防止失落的小技巧：不要改造他人 ＃

沒事的。小茶，我和媽媽會送你回家。

好啦，我們到啦。

媽媽，我回來啦！

媽媽，他就這樣走了，我突然覺得有點不爽啊！

嗯哼，怎麼啦？

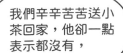

我們辛辛苦苦送小茶回家，他卻一點表示都沒有，

既沒有請我們進去坐坐，也沒有跟我們說謝謝。

可能小茶太著急去見媽媽，也可能是他忘了說……

無論如何，我們都沒有辦法控制別人的反應呀，不用太在意啦。

你可以問問自己：送小茶回家是不是我真心想做的呢？看到小茶找到媽媽，我開不開心呢？

那我能在意什麼？

· 第二天 ·

謝謝你們昨天送我回家，
小小心意，
希望你們會喜歡。

學會獎勵自己「小甜點」#

你怎麼啦,出來玩也這麼不開心?

過兩天就開學了,但我暑假作業才剛寫兩頁,就覺得好累,

怎麼辦?我要寫不完啦!

嘿嘿嘿,我昨天就寫好了。

怎麼做到的?是不是你媽媽幫你寫的?

怎麼可能？全部都是我自己完成的！

不過，我媽媽確實幫我想了一個辦法——

寫作業是很煩啦，但你可以在過程中間設置一些「小甜點」，

獎勵自己去做一些開心的事。

比如說，只要做完 3 頁，就享受一口美味的海鹽榛果蛋糕；

認真寫了一小時，就去跟小航一起看一集動畫片。

把最難對付的數學作業做完了，那就休息一會兒，玩玩水。

我媽媽說，這些定期的小獎勵，可以幫我們補充能量，

還會讓「堅持寫作業」這件事，變得更有盼頭，更輕鬆一點喲。

＃ 哭，也是在解決問題 ＃

·一分鐘過去·

可以發洩你的負面情緒，可以排出因為不開心而產生的有害物質，

還可以滋潤眼球呢！

真的嗎？哭這麼有用嗎？

我怎麼聽到隔壁叔叔總是罵他的小孩「只會哭，不解決問題」？

他懂什麼？哭，就是在解決問題了。我也會哭啊。

媽媽，那我之前偷吃你零食，你哭了嗎？

……

美國心理學家阿爾伯特‧埃利斯（Albert Ellis）提出了「情緒ABC」理論。

A指的是事情的起因（Antecedent）；B是我們所持的信念（Belief），即我們對事情的看法；C是我們產生的情緒和事情的結果（Consequence）。

該理論認為，真正影響我們情緒的，其實不是事情本身，而是我們看待事情的視角。

在本章裡，我們分享了小鴨在生活中遇到的種種情緒，諸如煩躁、難過、疲累、悲傷和抑鬱。

按照ABC理論，真正讓我們痛苦的，並不是事情或情緒本身，而是我們對待這份情緒的心態——

是回避、壓抑它？是試圖消滅它？還是正視、接納它？

心態不同，這份情緒對我們的影響也不同。

回避或壓抑，常常會造成情緒的淤積，情緒不會消失，只會在未來某刻徹底爆發。

試圖消滅，其實也是在否認這份情緒，造成新的、嚴重的情緒內耗。

而正視、接納情緒，像小鴨一樣，允許自己煩惱、接納自己的悲傷、在感受裡多待一會兒，我們才能慢慢地好起來。

第八章

說出你的焦慮

你會發現，事情遠沒有想像的那麼糟糕

是吧，當你對問題和自己的能力有了清晰的認識之後，這份情緒就沒那麼可怕了。

不開心的時候，給煩惱取個名字

你怎麼啦？平時這會兒都該吃第二盆了。

唉，不開心，一點胃口都沒有……

說來聽聽。

剛剛得知，我們老師明天要突擊考試！太嚇人了，我緊張得出了一身冷汗，鴨掌都濕了……

看得出來你很緊張。要不要試試我的小方法？

什麼方法鴨？

你可以試著給「緊張」取個可愛的名字。

啊？取名字就可以了嗎？

舉例來說，以前每次慢慢去洗澡，我都會緊張地守在浴室門口，怕她掉水裡。著急得我掉了好幾根毛……

為了保住我的毛髮，我試著安撫自己，給那個情緒取名「愛操心的小圓」。

每次慢慢去洗澡，小圓就會著急地跳出來，擔心她遇到危險。

然後呢？

然後我會跟小圓說：「我知道你很怕水，擔心慢慢洗澡有危險，但你看，慢慢每次都能安全回來呀！」

這樣一安撫，小圓就沒那麼焦慮了。

哈哈哈，沒想到媽媽你這麼大了，還怕水。

……別打岔！你看啊，給情緒取個名字之後，也許就能跟它分開一點，

有了距離，就可以比較平靜地應對，你會發現，這個情緒好像也沒什麼可怕的。

那我給我的緊張取什麼名字好呢？

178

那你打算怎麼辦呢？

我不知道，我現在很自責很後悔……

這個問題好難，我什麼都做不了……媽媽，你可以幫幫我嗎？

我感受到了，你真的很無力，但讓你無力的，可能不是問題本身，而是你現在自責和後悔的情緒。

什麼意思鴨？

我解釋給你聽，你看，這幅畫明天就要交，現在重畫的時間又不夠，這是不是我們現在需要面對的問題？

嗯嗯，是的。

那我們可以試著想想，在解決這個問題上，我們能夠做什麼？

比如，你是不是可以對著原來的畫，大致描一下，先把作業完成了再說？

是啊，也不太難嘛，我怎麼沒想到呢！

其實困住你的，不是很大的問題，而是很大的情緒。

你是有能力解決問題的，但當你被情緒包裹的時候，就會陷入恐慌，沒辦法看到自己有能力應對的部分。

是耶，被你這樣一說，我已經沒那麼焦慮了。

是吧，當你對問題和自己的能力有了清晰的認識之後，

這份情緒就沒那麼可怕了。

不過看你那麼難受，我還是給你開個罐罐，陪你畫完吧。

媽媽你真好！

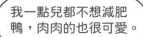
我一點兒都不想減肥鴨，肉肉的也很可愛。

但每次我吃東西吃到一半，就會想到那句廣告詞，就會想我是不是吃太多了，

最後連飯都不香了。唉，怎麼辦？

我教你一個辦法，下次我們不走這條街，換條路吧。

啊？就這麼簡單？

真神奇，今天心情果然好多了。

你看吧，有時我們沒辦法讓焦慮的聲音消失，但可以主動去遠離那些製造焦慮的源頭。

不聽這些噪聲之後，我們就可以安心，做自己想做的事，

比如認認真真地享受每一口食物，而不是一直責備自己。

焦慮最怕的，就是具體

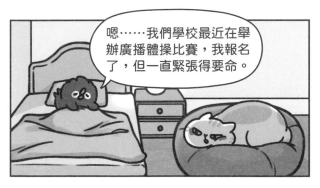

那你具體是在緊張什麼呢？

我好怕自己發揮不好，要是到時候摔了個鴨啃泥怎麼辦？

你覺得，這個狀況一定會發生嗎？

也不一定，這個廣播體操是我們每天都在做的，但要是真的忘了幾個動作怎麼辦？

那為了防止忘記動作，你可以做什麼準備呢？

我可以在比賽前多練習幾遍，這樣我就會很熟練了，可是我還是很焦慮……要被全校同學盯著看耶。

你覺得怎麼做，才能不害怕同學的目光呢？

嗯……或許我可以先在灰灰他們面前跳一遍，壯壯膽！

奇怪，跟媽媽這樣說著說著，我的心裡就舒服多了耶。

是吧，其實焦慮是很虛幻的情緒，像一頭巨大的、看不清模樣的怪獸，而它的剋星就是「具體」。

我們在遇到問題，陷入焦慮時，可以這樣細緻地追問自己——

「我在焦慮什麼問題？」
「這些情況真的會發生嗎？」
「我現在能做什麼準備？」，
　等等。

你這陣子怎麼啦，每天都灰頭土臉的？

唉，我們班不是要去春遊嗎？老師就讓我負責計劃一下，

結果搞得我好煩啊。

你遇到什麼問題？說來聽聽，我給你建議。

好多啊……兩隻鴨掌都數不過來，要定時間啦，去哪兒啦，坐哪一路車啦，收多少錢啦，每一樣都讓我頭大。

在這個時代，「焦慮」幾乎無處不在。

容貌焦慮、職場焦慮、育兒焦慮……我們好像還來不及反應，就被一股無名的力量推著捲進了恐懼中，忘了停下來問問自己：

「到底是哪一件事讓我焦慮？當我想起這件事時，具體感受到了什麼？」

有的是害怕自己追趕不上別人的步伐。

不妨試著想想：慢一點又會發生什麼？

有的是憂慮自己應付不了未知的困難。

不妨試試把困難具體化，看看其中哪一個部分讓你最想逃避。

焦慮其實是一個很好的信號。

就像為什麼鴨，他著急地想要完成任務，是因為他不喜歡這個任務；他被第二天的比賽困擾到睡不著，是因為他低估了自己的能力。

當我們把「焦慮」具體化，走近它，就會發現：事情遠沒有想像的那麼糟糕，而我們也遠比自己想像的更有力量。

第九章

看見真實的自己

對「標籤化」保持警惕，
每天的你都不同於昨天

無論安靜還是吵鬧，
無論內向還是外向，
做你自己就好啦。

跟大腦溝通，少用否定句式

昨天上體育課時，白白一直說我。

為什麼鴨，你走路不要外八啊，很不好看！

不要外八，不要外八……

可是，我腦袋裡越想著「不要外八」，我的身體越是不聽使喚，

越走越外八，一著急我就摔跤了……

原來是這樣。

你知道嗎？我們的大腦不是很擅長處理否定式指令。

什麼是否定式指令？

接收到「不要做這件事」「不要做那件事」的信息時，我們有很大的機率會忽略「不要」，只關注到「做這件事」。

也就是說，當我一直告訴自己「不要外八，不要外八」，我的大腦關注到的是「外八外八」。

很多時候是這樣的。

那我要怎麼暗示自己，才能好好走路呢？

或許你可以試試跟自己說：腳尖要朝前喲。這種正面暗示，比較容易被大腦接收到。

不過，外八怎麼了？我也外八。

慢慢都沒說過我們，關白白什麼事啦！

允許內向的人待在他自己的小角落裡

但悶悶好像
不太領情……

放學後，他跟我說，
其實他更想自己一隻
鴨待著。

唉，我就是擔心他太孤獨太
無聊嘛，多跟大家來往，開
朗一點，不好嗎？

我能理解，你的
心意是好的，

但你知道嗎？其實鴨跟鴨
之間的性格，也是各有不
同的。有的鴨活潑外向，
比如你，也有的鴨內斂文
靜，比如悶悶。

妒忌，也是可以大膽說出來

你在做什麼呀？

我在看我最近有沒有變醜，

我聽說妒忌會使鴨醜陋，我好擔心。

哦？那你在妒忌誰？

唉⋯⋯是達達啦，對他，我最近心情有點複雜。

說來聽聽。

前陣子，達達參加了學校的田徑比賽，還拿了一等獎，

校長獎勵了他好多吃的喝的，還讓他在「模範鴨鴨」大會上講話。

雖然我在台下一個勁兒為他鼓掌，但心裡卻挺妒忌他的。

我希望他好，但……他居然比我好這麼多。

媽媽，你說我是不是很壞？居然妒忌自己最好的朋友！

怎麼會？妒忌是一種很正常的情緒呀。

可是……我現在都不知道怎麼面對他，也很怕我們不再是好朋友。

我覺得，你可以試著跟達達聊聊你妒忌他的事。

· 第二天 ·

你說的對，跟達達說了之後，我心裡真的舒服多了！

哦？那你們聊了什麼？

我跟他說，我羨慕他跑得快，也羨慕大家都在誇他。

但他跟我說，為了訓練跑步，他的鴨掌都磨破了，

而且為了控制體重，還不能吃零食。

聽完我就沒那麼妒忌達達了，還有點兒佩服他。

＃堅決捍衛拖延自由＃

你又在嘆什麼氣啊？

我突然想到後天要交作業，但我一筆都還沒動，有點慌慌的。

那就趕快去寫。

可是我想拖一拖，明天再做。

那就認真玩，別想太多。

可是⋯⋯你在拖延的時候，想到還沒做的事，心裡不會發慌嗎？

以前我也是一邊拖一邊焦慮。

比方三點要去喝水，兩點我還在鑽研垃圾袋。

鑽研的時候，就一直想著喝水這件事，最後水沒喝到，玩也玩不好。

後來呢？

後來得出一個教訓，如果決定要拖延，那就專心拖延，放寬心玩，不要想東想西。

不要總是和自己「談判」#

是耶，我好像
經常這樣做。

這種在頭腦裡，告訴自
己「只有做了A，才能
去做B」的作法，是一
種談判。

我懂啦！可是這跟
我突然心情不好，
又有什麼關係呢？

關係大呢！這種談判的
模式，有時確實能讓我
們有動力去做事，

但久而久之，我們總有無法
兌現「諾言」的時候，那自
然就會很受挫，容易自我攻
擊。慢慢地，整隻鴨都會變
得很緊繃。

在這一章裡，我們討論了很多與「性格」、「人格」有關的東西，比如拖延症、內向、完美主義……

心理學裡有個概念叫「標籤化」，它指的是人常常傾向於用抽象、籠統的詞語概括自己。

好處是，我們能更方便地介紹自己，讓別人知道我們是怎樣的人。

但壞處是，一旦我們過度地使用標籤，就容易走進一個誤區──簡單粗暴地評判自己。

就像為什麼鴨新交的那個內向的朋友悶悶。其實所謂「內向」，落在每個人身上都不太一樣。對於悶悶來說，他只是想自己安靜地待在角落裡，享受獨處。

所以啊，與其用「內向」這樣的詞語來定義悶悶，不妨多給他一些接納和允許。

每個人都有每個人的生存姿態。

無論看到這裡的你是何種性格，都希望你能發自內心地去看到一個具體的自己，然後接受並愛上這個具體的自己。

第十章

擁抱你的內在小孩

給自己無條件的愛和接納

優秀不是被愛的
「必要條件」。

＃永遠不要苛責過去的自己＃

上週末逛街，我買了一支很喜歡的雪糕，捨不得吃，想囤著，

結果回到家忘了放冰箱，它就融掉了。

對了，昨天我上學遲到了 3 分鐘，這學期的全勤獎狀也沒了，嗚嗚嗚……

在那些時刻裡，我明明可以做得更好的。

郊遊，可以選室內。雪糕，我其實可以先吃掉，或者及時放冰箱的。還有遲到那件事，要是我能早點起床就好了。

停住停住，我覺得……你不要再站在現在的立場去批評過去的自己了，這樣很不公平耶。

為什麼不公平鴨？

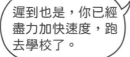

你想呀，本來約大家郊遊就不容易，天氣變化也不是你能控制的。

還有雪糕的事，偶爾記性差、犯迷糊，也很正常啊。

遲到也是，你已經盡力加快速度，跑去學校了。

我知道，事後再反思這些，我們肯定能想出很多更好的作法，

下午上體育課，小黑主動來找我了。

為什麼鴨，你好幾天沒跟我講話了，難道不想跟我做好朋友了嗎？

我……我一看到你，就會想起那個玩具，心裡就痛痛的。

可是我已經跟你道歉了，事情也過了好幾天。

要不然我賠你一個新的玩具，這事就過去了好不好？

那你答應了嗎？

我當時不知道怎麼回答才好，我很珍惜小黑這個朋友，但一想到這個玩具，我心裡就沉甸甸的。

媽媽，我要怎麼做才能讓事情過去呢？

如果你心裡還不舒服，就說明這個悲傷還沒有結束。

這時候逼自己放下，只是在壓抑情緒而已。

那我能做什麼呢？

我建議你，不要再去聽那些「我是不是太小氣」、「小黑會不會傷心」的聲音，

靜靜地和自己的不開心待一會兒吧！

等到不開心過去了，你的心也會感受到的。

好，我試試。

媽媽，那我明天可以不上學嗎？

我需要和我的不開心待一會兒！

快樂，是給勇敢者的獎品

＃丟臉就丟臉吧，反正沒人會記得＃

啊啊啊，走開走開，我不要想起來！

你怎麼了？

我突然想起一件好尷尬的事，剛剛試圖把它從腦海裡甩出去。

什麼事？跟我說說吧。

開學那天，小黃老師讓我們上台分享假期的經歷，

我的結束語本來是「謝謝老師」，結果一緊張就說成「謝謝老媽」。

啊啊啊，怎麼辦？好丟人！

等一下，先讓我笑完，哈哈哈……

可是……大家肯定都把我當成笑話了，說不定，小黃老師還會去跟其他老師講。

好啦，這件事已經過去很久了呀。

光是想想，我都尷尬得鴨掌蜷縮！

我以前也跟你一樣，總是會時不時回憶起做過的蠢事。

想到那次我要跳上窗台，卻摔得四仰八叉的事，我也覺得顏面掃地。

不過後來，我想開了。

是怎樣想開的？

我問你，你現在能回想起我出過什麼糗嗎？除了剛剛講的這個。

嗯……好像還真想不起來了。

所以你看，你記不住別人出過的糗，那別人同樣也不會在意你丟臉的事。

好像也是耶。

其實這就是心理學裡的「聚光燈效應」。

我們很容易放大自己的問題，也高估了別人對自己的關注，

但實際上，大家頂多只會在你出醜時笑一笑，過後都會忘光的。

愛的反義詞，是優秀

唉……鄰居那個小孩又在哭了。

又是因為考試嗎？

是啊，好像是小測退步了幾名，他媽媽把他關在門外。

媽媽，如果我也退步了，你會不會不給我吃罐頭了？

好問題，這讓我想起剛認識慢慢那時候……

在流浪貓圈子裡，雖然大家表面上都說自由最好，

但其實私下都會默默比較，誰眼睛最圓，毛髮最蓬鬆，最會討好人。

就連貓大哥也會偷偷練「夾子音」。

※註：夾子音就是提高音調說話，讓聲音變得又細又嗲。

再看看我，眼睛也不圓，毛髮都打結了，又怕生又凶。

前主人就是因為我不黏人，才拋棄我的。

真不知道慢慢為什麼會選擇帶我回家。

別說其他流浪貓了，我自己都想不通。

所以我剛到家裡時，一直很緊張。

尤其是犯錯之後，我覺得慢慢一定要丟掉我了。

沒想到她卻說：你是不是以為自己還在流浪啊？

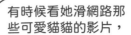
有時候看她滑網路那
些可愛貓貓的影片，

我也會擔心，她
會不會嫌我不夠
萌、不夠好看。

但我發現，
她依然愛我。

還是你最可愛。

武志紅老師説：「我們成長的一生，就是不斷地去經歷各種創傷和學習處理創傷的過程。」

不愉快的事情發生，常常是我們所不能控制的，但我們依舊可以選擇如何去面對受傷後的自己——

首先，去接納自己的所有情緒。

告訴自己，無論我是難過、憤怒，還是無力、絕望，都是可以的。

接著，允許自己逃避一陣子。

做一些稀鬆平常的事情，吃一頓好的、聽聽音樂、散散步、睡個懶覺，和痛苦拉開一些距離。

最後，去看看自己經歷了什麼。

找一個信任的人、一段安全的關係，去回看一下在受傷的時刻，我具體經歷了什麼，產生了什麼感受。

這可能會引發一些痛苦，記得給自己無條件的愛和接納，告訴自己：

過去的我，已經盡我所能做得很好了。

尾聲
最後想對大家說的話

祝你永遠對世界充滿好奇！

不懂就問，總有一個人，或者一隻貓會耐心回應你！

國家圖書館出版品預行編目資料

佛洛伊德與為什麼鴨/徐慢慢心理話/著. -- 初版. -- 臺北市:商周出
版 : 英屬蓋曼群島商家庭傳媒股份有限公司城邦分公司發行,
2024.07
面; 公分. -- (View point ;123)
ISBN 978-626-390-140-7 (平裝)

1.CST: 心理學 2.CST: 通俗作品

170   113005766

線上版讀者回函卡

View Point 123

佛洛伊德與為什麼鴨：原來我可以不用那麼好，我的感受很重要

作　　　者／徐慢慢心理話
繪　　　圖／徐慢慢心理話
企 劃 選 書／彭子宸
責 任 編 輯／彭子宸

版　　　權／吳亭儀、江欣瑜
行 銷 業 務／周佑潔、賴玉嵐、林詩富、吳藝佳、吳淑華
總 編 輯／黃靖卉
總 經 理／彭之琬
第一事業群總經理／黃淑貞
發 行 人／何飛鵬
法 律 顧 問／元禾法律事務所 王子文律師
出　　　版／商周出版
　　　　　　台北市 115 南港區昆陽街 16 號 4 樓
　　　　　　電話：(02) 25007008　傳真：(02)25007759
　　　　　　blog: http://bwp25007008.pixnet.net/blog
　　　　　　E-mail：bwp.service@cite.com.tw
發　　　行／英屬蓋曼群島商家庭傳媒股份有限公司城邦分公司
　　　　　　台北市 115 南港區昆陽街 16 號 8 樓
　　　　　　書虫客服服務專線：02-25007718；25007719
　　　　　　24 小時傳真專線：02-25001990；25001991
　　　　　　服務時間：週一至週五上午09:30-12:00；下午13:30-17:00
　　　　　　劃撥帳號：19863813；戶名：書虫股份有限公司
　　　　　　讀者服務信箱：service@readingclub.com.tw
　　　　　　城邦讀書花園 www.cite.com.tw
香港發行所／城邦（香港）出版集團
　　　　　　香港灣仔駱克道 193 號東超商業中心 1 樓＿E-mail : hkcite@biznetvigator.com
　　　　　　電話: (852) 25086231　傳真: (852) 25789337
馬新發行所／城邦（馬新）出版集團【Cite (M) Sdn Bhd】
　　　　　　41, Jalan Radin Anum, Bandar Baru Sri Petaling, 57000 Kuala Lumpur, Malaysia.
　　　　　　電話: (603) 90563833　傳真: (603) 90576622　Email：services@cite.my

封 面 設 計／張燕儀
排 版 設 計／芯澤有限公司
印　　　刷／韋懋實業有限公司
經 銷 商／聯合發行股份有限公司
　　　　　　新北市231新店區寶橋路235巷6弄6號2樓電話：(02) 29178022　傳真：(02) 29110053

■ 2024年07月11日一版一刷　　　　　　　　　　　　　　　　　　Printed in Taiwan

定價 450 元

ISBN 978-626-390-140-7　　　eISBN(EPUB) 9786263901360

Printed in Taiwan